Mosaik
bei GOLDMANN

Buch

Einfühlsam und prägnant zugleich erklärt John Gray in
diesem Buch die Eigenschaften des männlichen Wesens.
So schafft es jede Frau, den Mann in ihrem Leben besser
zu verstehen und mit ihm in einer harmonischen und be-
friedigenden Partnerschaft zu leben.

Autor

Dr. John Gray widmet sich seit mehr als zwanzig Jahren in
Seminaren und Vorträgen dem Thema Kommunikation
zwischen Mann und Frau. Der international bekannte
Paar- und Familientherapeut lebt mit seiner Frau und
seinen drei Kindern in Mill Valley, Kalifornien.

*Von John Gray sind bei Mosaik bei Goldmann
außerdem erschienen:*

Männer sind anders. Frauen auch. (1607)
Mars, Venus & Eros (16126)
Mars, Venus & Partnerschaft (16134)
auseinander geliebt (14114)
Mars liebt Venus. Venus liebt Mars. (16167)
Jeden Tag mehr Liebe (16245)
Mars & Venus (16194, 16400)
Frauen sind von der Venus (16405)

JOHN GRAY

Männer sind vom Mars

So verstehen Sie den Mann in Ihrem Leben

Aus dem Amerikanischen
von Eva Kornbichler

Mosaik
bei GOLDMANN

Umwelthinweis:
Alle bedruckten Materialien dieses Taschenbuches
sind chlorfrei und umweltschonend.

Deutsche Erstausgabe Mai 2000
© 2000 der deutschsprachigen Ausgabe
Wilhelm Goldmann Verlag, München
in der Verlagsgruppe Bertelsmann GmbH
© 1992 John Gray
Originalverlag: Thorsons, HarperCollins*Publishers*, London
Originaltitel: Men Are From Mars
Umschlaggestaltung: Design Team München
unter Verwendung folgender Fotos:
ZEFA/SIS/Roxana Villa
Zeichnungen: Petra Dorkenwald
Satz: Barbara Rabus, Sonthofen
Druck: Presse-Druck, Augsburg
Verlagsnummer: 16403
Kö · Herstellung: Max Widmaier
Made in Germany
ISBN 3-442-16403-6

1 3 5 7 9 10 8 6 4 2

Inhalt

Einführung · 7

Der Wunsch des Mannes,
etwas zu erreichen · 11

Verständnis für den
»Höhlenmenschen« · 23

Mit Stress umgehen · 35

Männer und Sex · 41

Ritter in glänzender Rüstung · 53

Wenn er Ermunterung braucht,
um zu geben · 61

Wenn eine Frau und ein Mann
miteinander sprechen · 71

Wenn ein Mann Ärger hat · 81

Wenn eine Frau versucht,
ihn zu ändern · 87

Eine Beziehung hält viele Prüfungen
für uns bereit. Wenn wir diese
bestehen, können wir in Liebe
zusammenwachsen.

Eine Beziehung ist wie ein
Garten: sie muss jeden Tag
gepflegt werden, damit sie
wächst und gedeiht.

Stellen Sie sich Folgendes vor:
Männer kommen vom Mars und
Frauen von der Venus.
Vor langer Zeit entdeckten die
Marsianer eines Tages durch ihre
Teleskope die Venusierinnen.
Sie verliebten sich, bauten
schnell Raumschiffe und flogen
zur Venus, wo sie von den
Venusierinnen mit offenen
Armen empfangen wurden. Die
Liebe zwischen Venusierinnen
und Marsianern war wie ein
Wunder.

Sie kamen aus verschiedenen Welten,
aber sie fanden Gefallen an ihren
gegenseitigen Unterschieden und
verbrachten Monate damit, sich
mit all ihren verschiedenartigen
Bedürfnissen kennen und
schätzen zu lernen.
Dann entschieden sie sich, zur
Erde zu fliegen. Dort aber
vergaßen sie, dass sie von
verschiedenen Planeten
stammten. Seither leben Männer
und Frauen im Konflikt
miteinander.

Der Wunsch des Mannes, etwas zu erreichen

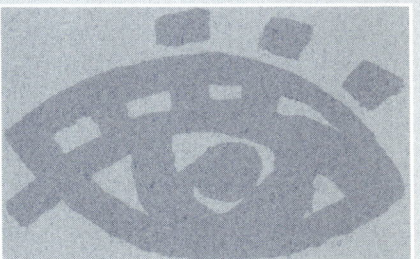

Für den Mann zählen Macht,
Kompetenz, Effizienz und Erfolg.
Sein Selbstbewusstsein wird
dadurch geprägt, wie erfolgreich
er darin ist, seine Ziele zu
erreichen.

Männer und Frauen haben
verschiedene Vorstellungen von
Partnerschaft. Frauen arbeiten
gerne im Team, Männer dagegen
bleiben lieber für sich und
behalten die alleinige Kontrolle.

Ein Mann ist stolz darauf, als
Fachmann zu gelten, besonders
wenn es darum geht, etwas zu
reparieren, das Richtige zu tun
oder Probleme zu lösen.

Ein Mann denkt mehr an
»Sachen« und »Dinge« als an
Menschen und Gefühle. Er ist
mit den »Dingen« beschäftigt,
mit denen er etwas erreichen und
seine Macht ausdrücken kann.

Es ist sehr wichtig für einen Mann zu beweisen, dass er sein Ziel erreichen kann.

Einem Mann ungefragt einen Rat zu geben, ist für ihn gleichbedeutend mit der Unterstellung, er wisse nicht, was zu tun sei oder sei nicht in der Lage dazu. Das trifft ihn empfindlich.

Männer helfen sich gegenseitig mit Sprüchen wie »Keine Sorge, das schaffst du schon«, oder »Das ist doch deren Problem, nicht deins«, oder »Ich bin sicher, das funktioniert«.

Ein Mann behält seine Probleme für
sich, es sei denn, er braucht fremde
Hilfe bei ihrer Lösung. Dann sucht
er sich jemanden, den er
respektiert und dem er die
richtige Antwort zutraut.

Manchmal hilft es ihm, ein kniffliges
Problem erst einmal beiseite zu
legen und zunächst eine Aufgabe zu
erledigen, die er leicht lösen kann.

Am nächsten Tag kann er sich
dann wieder besser auf sein
eigentliches Problem
konzentrieren.

Wenn ein Mann eine Lösung für
seine Probleme gefunden hat, fühlt
er sich gleich viel besser. In der
Beziehung ist er nun wieder
ansprechbar.

Maskuline Energie und
feminine Energie müssen im
Gleichgewicht sein, sonst neigt
der Mann dazu, sich auf eine
Sache zu konzentrieren und alles
andere zu vergessen.

Einer Frau fällt es schwer zu glauben,
dass ein Mann sie wirklich liebt,
auch wenn er ihren Geburtstag
vergisst.

Ein Mann muss sich über seine
eigenen Unzulänglichkeiten klar
werden, bevor er sich mit den
Fehlern anderer befassen kann.

Wenn ein Mann sich auf ein Ziel
konzentriert, sieht er Probleme als
Hindernisse auf seinem Weg. Er
reagiert dann auf jedes Hemmnis
zuerst mit Vorwürfen.

Wenn ein Mann sich auf etwas
konzentriert, verhält er sich sehr
zielbewusst und effizient. Das
kann so weit gehen, dass er blind
wird für die Bedürfnisse anderer.

Wenn ein Mann sich so
selbstvergessen auf sein Ziel
konzentriert, vergisst er leicht,
warum er überhaupt so hart
arbeitet.

Verständnis
für den
»Höhlenmenschen«

Ein Mann kann den Wunsch haben,
sich für eine Weile in seine »Höhle«
zurückzuziehen, denn:

◈ Er muss über ein Problem
nachdenken und eine akzeptable
Lösung finden.

◈ Er hat sich geärgert oder ist
gestresst und muss alleine sein,
um sich abzureagieren und
wieder in den Griff zu kriegen. Er
will jetzt nichts sagen, was ihm
später Leid tun könnte.

❖ Er muss zu sich selbst finden und
hat das Gefühl, bei zu viel Nähe
seine Kraft zu verlieren, deswegen
muss er sich an die richtige Nähe
erst herantasten.

Für eine Frau ist es schwierig, wenn
der Mann sich in ein Problem
versenkt, denn dann hört und sieht
er nichts mehr von seiner
Umgebung. Sie muss lernen, ihn
zu verstehen und ihm zu helfen,
wenn er verstummt.

Manchmal hat ein Mann das
Gefühl, er *muss* sich
zurückziehen, weil er zu
abhängig von seiner Partnerin
geworden ist. Es ist *keine
Entscheidung,* sondern ein
instinktives Bedürfnis.

Im allgemeinen hat ein Mann keine
Ahnung, welch große Distanz er
schafft, wenn er sich in seine
»Höhle« zurückzieht.

Er denkt sich, die Frau sollte
nicht behaupten, er sei
abwesend, wenn er doch
körperlich anwesend ist,
insbesondere wenn er sich auch
zu ihrem Vorteil darum bemüht,
ein Problem zu lösen. Sie sollte
einfach wissen, dass ihm etwas an
ihr liegt.

*Ein Mann zieht sich
zurück, um sein Bedürfnis
nach Selbständigkeit zu
befriedigen.*

Wenn er »wiederkommt«, führt er die
Beziehung in dem Grad an Intimität
fort, wie sie vorher bestand. Er
braucht keine Zeit, um sich
wieder einzugewöhnen.

Wenn eine Frau ihrem Partner keine
Zeit zum Alleinsein lässt, verhindert
sie, dass er jemals das Gefühl hat,
sie zu vermissen und sich nach ihr
zu sehnen.

Wenn ein Mann nie
Gelegenheit bekommt, sich
zurückzuziehen, erhält er keine
Chance, jemals den Wunsch nach
Nähe zu verspüren.

Ein Mann zieht sich in seine »Höhle«
zurück, wenn er sich von den
Geschehnissen des Tages erholen
muss. Das ist die Zeit, in der er
seine Probleme sortiert, sich auf
das besinnt, was ihm wichtig ist,
und wieder zu seinen liebevollen
Gefühlen zurückfindet.

Wenn ein Mann sich in seiner
»Höhle« vergräbt, vergisst er
manchmal, dass vielleicht auch
seine Freunde Probleme haben.

Ein Instinkt im Mann sagt ihm, dass
er sich zuerst um sich selbst
kümmern muss, bevor er sich um
andere kümmern kann.

Das zeigt sich, wenn der Mann
wieder aus seiner »Höhle«
kommt: er wird dann zärtlich
oder beginnt ein Gespräch.

Mit Stress umgehen

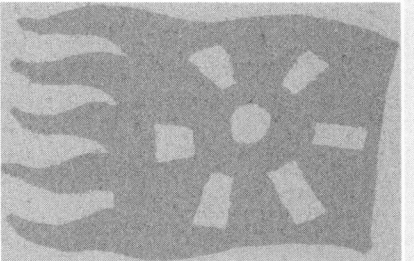

Wenn den Mann seine Arbeit stresst,
kapselt er sich zu Hause oft ab. Er
versucht dann, den Stress des Tages
mit Fernsehen oder dem Lesen
eines Buchs loszuwerden.

Die Hauptsymptome des
Mannes bei Stress sind die, dass
er sich absondert, unzufrieden
und verschlossen wirkt.

Wenn ein Mann seiner Frau
gegenüber unaufmerksam wird,
sollte sie nicht gleich daraus
schließen, dass er sie nicht mehr
liebt; vielleicht ist es nur ein
Zeichen für Stress.

Wenn ein Mann von der Arbeit nach
Hause kommt, meint er oft, sein
Arbeitstag sei vorbei, und vergisst,
dass auch eine Beziehung Arbeit
bedeutet. Er muss erkennen, dass
sich in einer guten Beziehung
Arbeit und Vergnügen die Waage
halten sollen.

Nach einem harten Arbeitstag kommt
der Mann vielleicht gestresst nach
Hause, wenn aber seine Partnerin
glücklich mit ihm ist, kann er den
Stress abschütteln.

Guter, schöner Sex befreit
den Mann rasch von
aufgestauten Spannungen
oder aufgestautem Ärger.

Männer und Sex

Es ist ein Mythos, dass Männer
immer nur das eine wollen – Sex. In
Wahrheit wollen sie Liebe, und die
einzige Art, wie sie sich der Liebe
öffnen können, ist durch Sex.

Wenn eine Frau das Verlangen
nach Sex hat, gibt sie zu
verstehen, dass sie offen ist
und Vertrauen zu ihm hat.
Das ist wichtig für einen Mann,
denn er fühlt sich stark, wenn er
ihre Anerkennung und ihr
Vertrauen spürt.

Für einen Mann ist es aufregend,
wenn eine Frau bei seinen
Annäherungsversuchen mit ihm
flirtet, denn er strebt stets danach,
einer Frau zu gefallen.

Frauen verstehen oft nicht,
dass ein Mann Verlangen nach
Sex haben kann, auch wenn er
noch nicht weiß, ob er eine
Beziehung will.

Wenn eine Frau nicht in Stimmung
für Sex ist, missversteht ein Mann
das oft als Zurückweisung.

Dem kann eine Frau
entgegenwirken, indem sie ihrem
Partner zart andeutet, dass sie
Sex im Prinzip mag. Er fühlt
sich dann weniger verunsichert.

Es kann passieren, dass ein Mann sich
körperlich stark zu einer Frau
hingezogen fühlt, ohne dass er sie
deswegen unbedingt persönlich
kennen lernen oder eine
Beziehung mit ihr beginnen
möchte.

Die ersten drei Phasen einer Bekanntschaft sind Anziehung, Unsicherheit und Aufeinander-fixiert-Sein. Wenn ein Mann sich langsam durch diese Phasen bewegt, entwickelt sich sein körperliches Verlangen zu einem emotionalen Verlangen, seine Partnerin glücklich zu machen.

Wenn eine Frau hinter einem Mann
her ist, lässt er sich wahrscheinlich
darauf ein, denn ihre
Aufmerksamkeiten gefallen ihm;
sie steigern aber nicht sein
Interesse.

In einer beginnenden Beziehung
ist der Mann oft erleichtert,
wenn die Frau den Anstoß zum
Sex gibt, denn dann riskiert er
keine Zurückweisung.

Wenn eine Frau beim Sex immer den
ersten Schritt macht, verliert der
Mann allmählich das Interesse am
Sex mit ihr.

Zu Beginn einer Beziehung ist
ein Mann beim Sex oft
zurückhaltend, da er sich nicht
sicher ist, was die Frau schön
findet und was nicht.

Mit fortschreitender Beziehung neigt
der Mann dazu, beim Sex mehr
Tempo vorzulegen. Er erkennt
nicht, dass es gerade seine
anfängliche Behutsamkeit war,
die sie so erregend fand.

Wenn einem Mann nicht nach Sex
zumute ist, mag er es nicht, wenn
seine Partnerin ihn darüber
befragt. Das wirkt abschreckend
und könnte ihm sogar in Zukunft
den Sex mit ihr verleiden.

Wenn eine Frau einem Mann
andeuten will, ebenso in
Stimmung für Sex zu sein wie er,
dann sollte sie das zurückhaltend
und nicht zu direkt zeigen.

Ritter in glänzender Rüstung

In seiner Jugend kann ein Mann sich
noch alleine vergnügen, wenn er
aber reifer wird, ist er nicht mehr
zufrieden damit, alleine vor sich
hinzuwerkeln.

*Er hat zwar noch immer
das Bedürfnis, Liebe zu
empfangen, sein stärkstes
Bedürfnis aber ist es,
Liebe zu geben.*

Wenn ein Mann nicht das Gefühl hat, im
Leben eines anderen Menschen etwas
Positives darzustellen, fällt es ihm
schwer, sich weiter um sein Leben
und seine Beziehungen zu kümmern.
Er fühlt sich kaum motiviert, wenn
er nicht gebraucht wird.

Ein Mann braucht die
Bewunderung einer Frau ebenso wie
eine Frau die Ergebenheit eines
Mannes braucht. Spürt der Mann
ihre Bewunderung, dann hat er genug
Vertrauen, um ihr seine Ergebenheit zu
schenken.

Wenn ein Mann sich angewöhnt,
die Beziehung durch Romantik
zu bereichern, belohnt sie ihn
mit Anerkennung. Sein
Selbstwertgefühl steigt dadurch.

Es ist eine Bestärkung für einen
Mann, wenn eine Frau ihn um
Hilfe bittet. Es veranlasst ihn,
sein Bestes zu geben.

Ein Mann empfindet seine Liebe
stärker, wenn er für seine Partnerin
kleine Opfer bringen darf. Es gibt
ihm das Gefühl, dass sie etwas
Besonderes ist.

Ein Mann kann seine Gefühle
am besten in Taten ausleben.
Wenn eine Frau diese Taten
anerkennt und gutheißt, fühlt er
sich besonders stark geliebt.

Ein Mann fühlt sich besonders zu
einer Frau hingezogen, die ihm ihre
Anerkennung zeigt. Sie bekundet
damit, dass sie den Wert seiner
Hilfe erkennt.

Wenn ein Mann einer Frau
etwas gibt, muss er das Gefühl
haben, das zu tun, weil er es *will,*
und nicht, weil es seine Pflicht
ist und er dazu gezwungen ist.

Ein Mann liebt es, eine Frau zu
umwerben, und wenn er merkt, dass
er sie für sich gewinnt, wird sie für
ihn immer attraktiver. Versucht
sie aber zu eifrig, ihm zu gefallen,
könnte das sein Interesse an ihr
erlahmen lassen.

Wenn ein Mann spürt, dass eine
Frau ihm vertraut, begreift er
sich als wertvollen Menschen.
Wenn sie glaubt, dass er ihr helfen
kann und *wird*, gibt sie ihm damit
die Kraft, sein Bestes zu zeigen.

Wenn er Ermunterung braucht, um zu geben

Ein Mann muss fühlen, dass er im
Leben einer Frau etwas bedeutet.
Seine Liebe und Zuneigung
wächst, wenn sie sich für die
kleinen Dienste, die er ihr leistet,
empfänglich zeigt.

Viele Männer erkennen nicht,
dass sie eine Frau unendlich
glücklich machen können, indem
sie ihr einfach im Haushalt
helfen und sich um eine bessere
Kommunikation bemühen.

Es ist wichtig, dass eine Frau, wenn
sie etwas möchte, ihren Mann
darum bittet, denn von sich aus
erkennt er ihre Bedürfnisse nicht
immer.

*Ein Mann fühlt sich
angezogen, wenn sie ihn
braucht, und abgestoßen,
wenn sie ihn benutzt.*

Wenn ein Mann das Gefühl hat,
seiner Partnerin einen Gefallen zu
tun, aber nicht zum Geben
verpflichtet zu sein, gibt er von
Herzen gern und großzügig.

Ein Mann fühlt sich
manipuliert, wenn er nicht Nein
sagen darf. Er sagt viel lieber Ja,
wenn er die Freiheit hat, auch
Nein zu sagen.

Wenn ein Mann aus Ihren Worten
einen fordernden Unterton
heraushört, versteht er das als
Vorwurf, nicht genug zu geben.

Wenn Sie Ihren Partner um
Hilfe bitten, seien Sie direkt,
reden Sie nicht drum herum,
sondern beginnen Sie einfach
mit »Würdest du...?« oder
»Könntest du...?« Vor allem:
nörgeln Sie nicht.

Wenn ein Mann, den Sie um etwas
bitten, grummelt, hat das nichts mit
seiner Hilfsbereitschaft zu tun; es
zeigt nur, wie sehr er gerade auf
etwas anderes konzentriert war.

Sein Grummeln ist ein gutes
Zeichen, dass er sich gerade über
das Anliegen seiner Partnerin
Gedanken macht.

Ein Mann glaubt leicht, dass kleine
Dienste, die er für eine Frau
vollbringt, gegenüber den großen
Dingen nicht zählen.

Er neigt instinktiv dazu, all seine
Energien in eine große Sache zu
stecken und die Bedeutung der
kleinen Dinge zu unterschätzen.

Ein Mann hat nicht die Absicht, in
einer Beziehung mehr zu nehmen
und weniger zu geben, und doch
tut er das beständig.

Wenn eine Frau und ein Mann miteinander sprechen

Die häufigste Klage einer Frau über
ihren Partner lautet, dass er ihr
nicht zuhört.

Er meint, sie wolle Lösungen für
ihre Probleme, in Wirklichkeit
aber möchte sie Mitgefühl.

Ein Mann braucht einen Grund, um
zu reden. Er spricht nicht einfach
nur, um sich mitzuteilen. Wenn er
aufgefordert wird zu erzählen,
fällt ihm nichts ein; selbst wenn
er etwas zu sagen hat, sträubt er
sich dagegen.

Ein Mann spricht nicht, um
seine Gedanken und Gefühle zu
erkennen. Wenn er spricht, hat er
im Allgemeinen alles soweit
durchdacht, dass er genau weiß,
welche Information er mitteilen
möchte.

Wenn eine Frau Ärger hat
und darüber sprechen möchte,
sollte sie dabei ihrem Partner ihre
Anerkennung ausdrücken, sonst
fühlt er sich angegriffen und
beschuldigt. Sie kann ihm
beispielsweise versichern:
»Es tut gut, mit dir darüber
zu sprechen.«

Eine Frau kann einen Mann
ermuntern, mehr Kommunikation
zu pflegen, indem sie ihn wissen
lässt, wie sehr sie es schätzt, wenn
er einfach nur zuhört. Das ist viel
wirkungsvoller als tausend
Fragen zu stellen oder von ihm
zu verlangen, etwas zu erzählen.

Ein Mann muss lernen, im Gespräch
mit einer Frau Blickkontakt zu
halten. Von sich aus neigt er
nämlich dazu, beim Nachdenken
über das Gesagte den Blick
abzuwenden.

Wenn eine Frau Ärger hat,
macht ein Mann ihre Gefühle
oft kleiner, indem er Dinge sagt
wie »Davon geht doch die Welt
nicht unter«. Irrtümlicherweise
glaubt er, ihr damit zu helfen.

Es frustriert einen Mann ganz
besonders, wenn seine Partnerin von
Problemen spricht, die er nicht
ändern kann. Er wird auch
ungeduldig, wenn sie sich zu sehr
in den Einzelheiten von
Problemen ergeht, denn er
erwartet, dass all diese
Einzelheiten für die Lösung
ihres Problems wichtig sind oder
dass ihren Schilderungen eine
bestimmte Logik zugrunde liegt.

Wenn ein Mann über ein Problem
spricht, ist das im Allgemeinen eine
Bitte um Rat. Wenn eine Frau
ihren Ärger mitteilt, reagiert ein
Mann gerne mit der »Das-
kriegen-wir-schon-hin«-Tour
und bietet Lösungsvorschläge an.
Das ist seine Art, ihr Liebe und
Hilfe zu geben.

Wenn eine Frau auf ihre
ausschweifende Art erzählt, wie
ihr Tag verlief, fühlt sich ein Mann
oft gelangweilt und verwirrt, denn
er interessiert sich mehr für die
wesentlichen Punkte. Er muss
erkennen, dass Zuhören eine
wichtige, trostspendende
Kunst ist.

Wenn ein Mann
Ärger hat

Wenn ein Mann Ärger hat und
darüber sprechen möchte, glaubt
eine Frau, er würde sich beim
Reden beruhigen. Das stimmt
aber nur, wenn sie ihm in allem
zustimmt.

Einem Mann hilft das Sprechen
über seine Gefühle nur, wenn er
zuerst über sie nachgedacht hat.

Wenn ein Mann über Ärger, den er
hat, berichten soll, sollte er das mit
jemand tun, auf den er nicht
ärgerlich ist; andernfalls kann er
leicht in Rage geraten.

Es ist klüger, einen verärgerten
Mann, der nicht darüber
sprechen möchte, nicht
auszufragen. Das Gespräch
könnte sonst in einem schlimmen
Streit enden.

Wenn die emotionalen Bedürfnisse
eines Mannes erfüllt werden, kann
er am besten mit Differenzen und
Uneinigkeiten fertig werden.

Wenn ein Mann die Liebe
verliert, die er braucht, zieht er
instinktiv das Schwert und
kämpft mit dem Rücken an der
Wand um jede Position.

Wenn eine Frau versucht, ihn zu ändern

Wenn ein Mann das Gefühl hat, dass
eine Frau ihn nicht so liebt, wie er
ist, sondern wie sie ihn sich
wünscht, beharrt er oftmals erst
recht auf dem kritisierten
Verhalten.

Eine Frau tut gut daran, einen
Fehler des Mannes nicht mit
einem »Warum hast du nicht...«
hochzuspielen, denn das macht
ihn nur störrisch und
rechthaberisch.

Er braucht Zeit, um die Dinge zu
überdenken und nach und nach
Verantwortung zu übernehmen. Sie
sollte Aussprüche wie »Ich hab's
dir ja gesagt« oder »Du hättest
lieber...« vermeiden.

*Eine Frau sollte einen
Mann nicht kritisieren, wenn
ihm etwas misslingt.*

Eine Frau sollte einem Mann nur
dann einen Rat geben, wenn er
direkt darum bittet. Sie meint es
nur gut, aber ungebetener Rat gibt
ihm schnell das Gefühl, sie wolle
ihn bevormunden.

Es fällt einem Mann leichter,
sich zu ändern, wenn eine Frau
nicht so tut, als wäre sie selbst
dafür verantwortlich.

Um an sich arbeiten zu können, muss
ein Mann spüren, dass ihm Liebe
und Akzeptanz entgegengebracht
wird. Sonst geht er nur in die
Defensive und bleibt der Alte.

Wenn ein Mann sich verliebt, ist
er motiviert, für andere sein
Bestes zu geben.

*Mit einem offenen Herzen
hat er genug Selbstvertrauen, um
sich wirklich zu ändern.*

Seit 1996 gibt es das von Dr. John Gray gegründete Mars Venus Institut, Mill Valley, Kalifornien. Mehr als 200 speziell ausgebildete und persönlich autorisierte Trainer, die Facilitators, bieten in den USA und weltweit Workshops zu den Themen an, die in diesem Buch behandelt wurden und darüber hinaus zum gesamten »Mars-Venus-Ansatz« im Bereich der Kommunikation zwischen Mann und Frau.

In Deutschland erhalten Sie weitere Informationen über Themen, Termine, Orte und Kosten unter folgender Kontaktadresse

MARS VENUS
WORKSHOPS

DEUTSCHLAND

Hans-Joachim von Malsen
Postfach 1525 · D-82178 Puchheim

Service-Telefon: 018 05 / 22 55 68
[018 05 / CALL MV]

http://www/MarsVenusDeutschland.com
e-mail: service@marsvenus.de

BESTSELLERAUTOREN VON

Mosaik bei GOLDMANN

IM SYMPATHISCHEN TASCHENFORMAT

16404

16400

16403

16405

16401

16402